Blancanieves

Ésta es la princesa Blancanieves.

los ojos azules como el mar

la boca roja como las cerezas

la camisa rosa como la rosa

la falda verde como la hierba

Blancanieves tiene ...

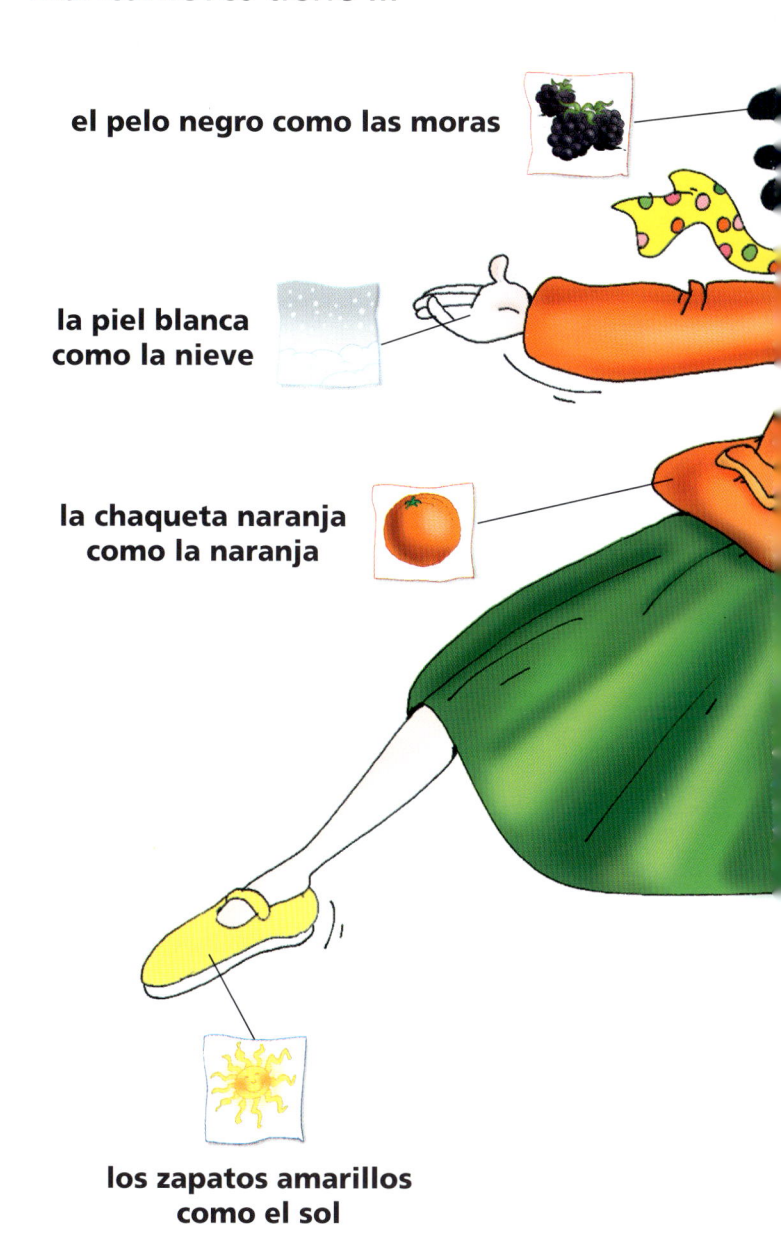

el pelo negro como las moras

la piel blanca como la nieve

la chaqueta naranja como la naranja

los zapatos amarillos como el sol

Blancanieves es buena y también muy guapa.

Blancanieves vive en un castillo
con la reina.
La reina tiene un espejo mágico:
"Espejo, espejito mágico …
¿Quién es la más bella del lugar?
¡Blancanieves es la más hermosa
del lugar!"

La lleva al bosque y le dice:
*"Escapa, Blancanieves y no vuelvas
al castillo. ¡Tu madrina te quiere matar!"*

la nube

la lluvia

el viento

el conejo

Pero Juan no es malo
y no puede matar a Blancanieves.

el pájaro

el árbol

la rana

La reina está enfadada
y llama a su mayordomo:
*"¡Juan, lleva a Blancanieves hasta
el bosque y mátala!"*

Blancanieves corre y corre hasta que …
"¡Allí hay una casita!"

el techo

Nosotros somos los siete enanitos.

Ésta es nuestra casa.

el suelo

En la casa hay siete enanitos.
Yo soy Blancanieves. ¿Quiénes sois vosotros?
la puerta
la silla

Es una casita muy pequeña.
Blancanieves llama a la puerta:
"¿Se puede? ¿Hay alguien?"

Los enanitos le piden a Blancanieves que se quede a vivir con ellos en su casa. Blancanieves está muy contenta. Los enanitos son muy buenos y muy amables.

la ventana

las escaleras

la alfombra

la pared

la cortina

Un día, la reina habla con su espejo mágico.
*"Espejo, espejito mágico …
¿Quién es la más bella del lugar?
¡Blancanieves, que ahora vive con los enanitos
del bosque, es la más hermosa del lugar!"*
La reina está muy enfadada.

Cuando los enanos vuelven a casa,
ven a Blancanieves en el suelo.
Blancanieves parece muerta.
Los enanitos lloran.
Luego, llevan a Blancanieves al bosque.
Un príncipe ve a Blancanieves
y le da un beso.

la piña

el plátano

la ciruela

el albaricoque

... pero la manzana está envenenada. ¡Blancanieves muerde la manzana y se desmaya!

Un día, una viejecita llama a la puerta de la casa de los enanitos.
La viejecita tiene mucha fruta y le regala una manzana a Blancanieves ...

la pera

la uva

la manzana

las cerezas

la naranja

Blancanieves se despierta.
Los enanos y el príncipe están contentos. Blancanieves también.
El príncipe lleva a Blancanieves a su castillo donde todavía siguen viviendo, felices y contentos.

¿Sabes cómo se llama el príncipe?

Usa el código.

A = 1
B = 2
C = 3
D = 4
E = 5
F = 6
G = 7
H = 8
I = 9
J = 10
K = 11
L = 12
M = 13
N = 14
Ñ = 15
O = 16
P = 17
Q = 18
R = 19
S = 20
T = 21
U = 22
V = 23
W = 24
X = 25
Y = 26
Z = 27

El príncipe se llama

6-19-1-14-3-9-20-3-16

_ _ _ _ _ _ _ _ _.

Ahora lee y colorea

El príncipe tiene el pelo negro como las moras, los ojos verdes como la hierba, la piel rosa como la rosa. Tiene la camisa amarilla como el sol, los pantalones naranjas como la naranja y la chaqueta azul como el mar.

¿Verdadero o falso?

	V	F
1. Los enanitos están en la casita.	☐	☐
2. Está lloviendo.	☐	☐
3. Hay tres conejos delante de la casita.	☐	☐
4. Hay una rana sobre el tejado.	☐	☐
5. La puerta está abierta.	☐	☐
6. Hace sol.	☐	☐
7. Blancanieves está en la casita.	☐	☐

© 2000 - **ELI** s.r.l. - European Language Institute
P.O. Box 6 - 62019 Recanati - Italia
Tel. +39/071/75 07 01 - Fax +39/071/97 78 51 - www.elionline.com
Ilustraciones de Elena Staiano

Todos los derechos reservados. Esta publicación no puede ser reproducida, ni total ni parcialmente, ni registrada en, o transmitida por, un sistema de recuperación de información, en ninguna forma ni por ningún medio, ya sea mecánico, fotoquímico, electrónico, magnético, electróptico, por fotocopia o cualquier otro, sin el permiso previo de esta Editorial.

ISBN 88 - 8148 - 551 - 6

Impreso en Italia - Tecnostampa Loreto   00.83.285.0